DRUM DREAM GIRL by Margarita Engle, illustrated by Rafael Lopez
Text copyright ⓒ 2015 by Margarita Engle · Illustrations copyright ⓒ 2015 by Rafael Lopez
All rights reserved.

This Korean edition was published by ChungARam Media in 2018 by special arrangement
with Houghton Mifflin Harcourt Publishing Company through KCC(Korea Copyright Center Inc.), Seoul.

이 책은 (주)한국저작권센터(KCC)를 통한 저작권자와의 독점계약으로 청어람미디어에서 출간되었습니다.
저작권법에 의해 한국 내에서 보호를 받는 저작물이므로 무단전재와 복제를 금합니다.

꿈을 두드리는 아이

차별의 벽을 허문 여성 뮤지션의 용감한 두드림

마르가리타 엥글 지음 라파엘 로페스 그림 정수진 옮김

음악의 섬
드럼 소리 가득한 도시에
드럼 두드리는 꿈을 꾸는
한 아이

키 큰 콩가 드럼을 둥둥
작은 봉고 드럼을 통통
크고, 둥근, 은빛 달처럼
빛나는 팀발레스를
기다란 막대기로 쿵쿵쿵
크게 두드리고 싶었지

그런데 음악의 섬
드럼 소리 가득한 이 도시에
드럼은 남자애들만 두드리는 거라고
사람들은 입을 모아 말했어

그래서 드럼 두드리고픈 아이는
조용히, 남들 몰래
마음속으로만 드럼을
두드릴 수밖에 없었지

정원처럼 꾸며 놓은 야외 카페에선
남자 어른들의 드럼 연주 소리
하지만 눈을 감으면
아이도
자기가 연주하는 음악이
들리는 것만 같았어

알록달록 꽃 핀 공원에서
바람에 흔들리는
야자수 아래를 걸어가면
여기저기서 들려오는
앵무새 날개 퍼덕이는 소리
딱따구리 나무 찧는 소리
춤추듯 경쾌한
아이의 발걸음 소리
듣다 보면 마음 편안해지는
아이의 심장 뛰는 소리

카니발 축제에는
장대 위에 우뚝 올라선
키다리 댄서들이
슈카슈카 흔드는
래틀* 소리

*래틀 : 흔들면 마른 씨앗이 부딪히며 소리 나는 악기

커다란 가면을 쓰고
민속 의상 입은 드러머들이
챙챙 울리는 용의 방울 소리

아이는 집에서
손가락을 활짝 펼치고
탁자와 의자에
꿈을 꾸듯 자기만의
리듬을 마음껏 두드렸지

사람들은
음악의 섬에선
여자가 드럼을 두드린 적이
한 번도 없다고 했지만

드럼을 두드리고 싶었던 용감한 아이는
키 큰 콩가 드럼을
작은 봉고 드럼을
크고, 둥근, 은빛 달처럼 빛나는 팀발레스를
두드리는 데 도전했어

간절한 마음을 담아
온갖 리듬으로 드럼을
투드드득,
툭툭 툭 툭,
둥둥 둥둥 두드리는 아이의 손은
꼭 드럼 위를 날아다니는 것 같았어

아이의 연주를 들은 언니들은
감탄하며 자신들과 함께 연주하자고 했어
이제 막 꾸려진,
여자들로만 이루어진 밴드에서 말이야

하지만 아빠는 남자애들만 드럼을 두드릴 수 있다고 했어

드럼을 두드리고 싶었던 아이의
연주를 들은 선생님은 깜짝 놀랐어
아이가 정말 많은 걸 알고 있었거든
선생님은 이 아이에게
더욱더
더욱더 많은 것을 알려주었지

어느 날, 아빠는 음악 선생님을
알아봐 주겠다고 하셨어
선생님이라면 아이의 드럼 실력이
어느 정도인지
알려주실 테니까 말이야

드럼 두드리는 꿈을 꾸던 아이는
계속 혼자서
꿈을 간직한 채
남몰래 드럼을 두드려야 했지

아이도 연습하고
연습하고
또 연습했어

어느 날 선생님은
아이에게 작은 봉고 드럼을
연주하라고 했어
그것도 정원처럼 꾸며 놓은
별빛 비치는 예쁜 야외 카페에서

아이의 꿈으로 빛나는 연주를 들은
사람들은 누구나
노래하고
춤을 추었어
그리고 여자아이도
드럼을 연주할 수 있어야 한다고
생각을 바꾸었지

여자아이든 남자아이든
누구나 마음껏
꿈을 연주할 수 있도록
말이야!

이 이야기는…

'여자는 드러머가 될 수 없다'는 쿠바의 전통적인 금기를 깨뜨린 중국-아프리카계 쿠바 소녀 밀로 카스트로 잘다리아가의 어린 시절 이야기입니다. 1932년, 열 살 소녀는 쿠바 최초의 여성 밴드 '아나카오나(Anacaona)'에서 언니들과 함께 드럼을 연주했습니다. 이후 밀로는 세계적으로 유명한 연주자가 되었고, 그 시대 미국의 많은 유명 재즈 연주자들과 함께 연주했어요. 열다섯 살 때는 미국 뉴욕에서 열린, 루스벨트 대통령의 생일 기념 행사에서 봉고 드럼을 연주했답니다. 그 자리에서 대통령 영부인 엘리너 루스벨트 여사의 열렬한 응원을 받았다고 해요. 오늘날 쿠바에는 여성 드러머가 많다고 합니다. 밀토의 용기 덕분에 쿠바 여자아이들도 드러머를 꿈꿀 수 있게 된 것이죠.

감사의 말

이 책이 나올 수 있었던 것은 밀로의 언니 알리시아 카스트로가 잉그리드 퀴멜스, 만프레드 샤퍼와 함께 쓴 자서전 『아나카오나: 쿠바의 첫 여성 밴드의 놀라운 모험』 덕택입니다. 감사합니다. 저희 가족, 편집자 레카 시몬센과 자넷 라슨, 디자이너 엘리자베스 타르디프, 그리고 모든 HMH 출판사 관계자 분들께 감사의 마음을 전합니다. – M. E.

내 손자들을 위하여 – M. E.

꿈을 가로막던 천장을 용기로 들어 올린 건축가이자
우리 엄마, 필로에게 바칩니다. – R. L.

세상을 바꾼 소녀 6

꿈을 두드리는 아이
차별의 벽을 허문 여성 뮤지션의 용감한 두드림

1판 1쇄 찍은날 2018년 12월 5일
1판 5쇄 펴낸날 2025년 2월 28일

글 마르가리타 엥글 · 그림 라파엘 로페스 | 옮김 정수진
펴낸이 정종호 | 펴낸곳 (주)청어람미디어
편집 박세희 | 마케팅 강유은 | 제작·관리 정수진 | 인쇄·제본 (주)성신미디어
등록 1998년 12월 8일 제22-1469호
주소 04045 서울특별시 마포구 양화로 56(서교동, 동양한강트레벨), 1122호
전화 02-3143-4006~8 | 팩스 02-3143-4003 | 이메일 chungaram_media@naver.com
ISBN 979-11-5871-087-3 77300 / 979-11-5871-074-3 (세트)

잘못된 책은 구입하신 서점에서 바꾸어 드립니다. 값은 뒤표지에 있습니다.

품명: 아동도서 | 사용연령: 8세 이상 | 제조국명: 대한민국 | 제조년월: 2025년 2월 | 제조자명: 청어람미디어
주소: 04045 서울특별시 마포구 양화로 56(서교동, 동양한강트레벨), 1122호 | 전화번호: 02-3143-4006
종이에 베이거나 긁히지 않도록 조심하세요. 책 모서리가 날카로우니 던지거나 떨어뜨리지 마세요.
KC마크는 이 제품이 공통안전기준에 적합하였음을 의미합니다.

세상을 바꾼 소녀 시리즈 추천의 글 — 새로운 목소리, 다른 목소리가 필요해요!

아이를 '생계 부양자'나 '현모양처'의 틀 안에서 키우고 싶은 부모는 없을 것입니다. 아니, 이미 이런 형태의 가족과 개인의 삶은 불가능하게 되었지요. 인류는 성별을 떠나 다른 라이프스타일을 모색해야 하고, 우리는 미래의 우리들(어린이)에게, 지속 가능한 비전을 제시해야 합니다.

세상을 바꾼 소녀 시리즈는 이처럼 변화하는 시대에 어린이들, 아니, 일단 어른들에게 정확한 방향을 제시하는 책입니다. '어린이 책' 중에는 어른이 먼저 읽어야 할 책들이 많은데, 이 책이 대표적입니다. 이른들도 모르는 이야기이기 때문이지요.

이 책은 기존의 '최초' 또는 '남성의 영역에 도전'했던 여성 위인의 전형에서 벗어나, 상상력과 용기로 진짜로 세상을 바꾼 여성들의 이야기입니다.

많은 사람이 알다시피, 퀴리 부인은 노벨상을 타고도 연구소 정문을 이용하지 못했지요. 이전의 여성 위인전이 '변화시켜야 할 (나쁜) 사회에 성공적으로 적응한' 여성들의 이야기였다면, 이 책은 체제 적응보다 변화를 추구한 이들의 이야기입니다.

여성은 남성과 달리 기존의 사회를 다른 시각에서 볼 수 있는 인식론적 자원을 가지고 있습니다. 이것이 창의력이지요. 남성은 자기 삶의 경험과 기존 언어가 일치하지만, 여성은 그렇지 않기 때문에 "이건 왜 안 되지?", "이건 나에게 무슨 의미이지?", "이것과 저것은 어떻게 다르지?" 하는 식의 호기심과 질문을 '선점'할 수 있는 위치에 있습니다.

여자 어린이에게 이러한 '위치'를 일깨워줄 것인가 덮어둘 것인가는 사회적 역량, 어린이의 성장 환경에 달려 있습니다. 이 책은 그런 환경 중 하나라고 할 수 있습니다.

여성의 사회생활이 진출하는 데 그치지 않고 자신과 인류의 삶을 변화시키려면, 여성의 관점이 필요합니다. 그것은 남성의 관점과 대립하는 것이 아니라 새로운 목소리, 다른 목소리입니다!

*세상을 바꾼 소녀*는 기존의 서구 백인 여성의 모델에서 벗어나 이류학자, 드럼주자, 환경운동가, 마라토너 등 다양한 지역, 다양한 여성들의 삶을 담고 있습니다. 이 역시 주목할 만한 점이지요. 다음 생이 있다면, 나도 이렇게 살고 싶다고 생각할 정도로, 독자를 넓은 세상으로 안내합니다. 그런 점에서 저는 이 책이 내셔널지오그래픽과도 비슷하다고 생각했어요!

많은 부모가 자녀의 독서 교육에 관심이 있고 비용 지출도 상당합니다. 하지만 모든 책이 좋은 것은 아니며, 책 읽기는 다다익선보다 어떤 관점을 가지고 읽는가가 더 중요합니다. 좋은 책도 읽는 이들의 상황에 따라 다른 효과를 내기 때문입니다. 무조건 많은 책을 읽히기보다 다른 세계를 생각하게 하는 훈련이 필요합니다. 저라면, 이 시리즈로 충분할 것 같습니다.

아, 남자 어린이가 읽으면 더욱 좋겠습니다. '지금 여기'가 바람직하다고 생각하는 이들은 없을 것입니다. 남자 어린이들도 *세상을 바꾼 소녀*를 읽고 소녀들과 협력해야 합니다.

정희진(여성학 연구자, 『정희진처럼 읽기』 저자)